Serie etoanalisi
abc

Bruno Corino

Psicoanalisi ed Etoanalisi
Sigmund Freud
e il caso dell'Uomo dei Lupi

ebc

Indice

Premessa

Sapevo che prima o poi fare i conti con la psicoanalisi mi sarebbe toccato. Un confronto serrato tra l'etoanalisi e la psicoanalisi di stampo freudiano era inevitabile. Lo era per tante ragioni. Anzitutto per la "falsità" e l'"ingenuità" del modello freudiano.
Ingenuità dovuta all'idea di poter fondare l'istanza dell'inconscio su delle rimozioni fantasmatiche. Pure fantasie, insomma.
Come si fa a credere che l'inconscio sia il serbatoio di pensieri rimossi? Sì, è vero, più avanti Freud parlerà anche di meccanismi inconsci di difesa, ma si tratta pur sempre di meccanismi messi in atto per difendere l'Io da pensieri inaccettabili dalla coscienza, che pertanto vengono respinti in un remoto cantuccio.

Ma poi tutta quella questione delle "fissazioni" non risulta a pensarci bene un'assurdità? So già le argomentazioni che il dotto psicanalista metterebbe in campo: resistenze. Lasciamo perdere, tanto gli analisti sono talmente prevedibili che non vale neanche la pena di controbattere le loro argomentazioni. A volte mi domando come fanno persone dotate di buon senso a prestar fede all'edificio psicoanalitico?

Com'è tranquillizzante il buon modello freudiano! Niente traumi reali, concreti, tangibili. Niente stupri, nessun abuso sessuale. Niente di tutto questo, ma soltanto fantasie, fantasie legate a un fantomatico complesso di Edipo.

Eppure, nell'*Etiologia dell'Isteria* (1896), Freud era arrivato alla conclusione che i sintomi nervosi erano da ricercare in «un'esperienza sessuale provata sul proprio corpo, di un vero e proprio *rapporto sessuale* (in senso lato)».

Insomma, si trattava di veri e propri "abusi sessuali" o di "aggressioni": «Questi episodi devono presentarsi come *ricordi inconsci*, e possono provocare e far perdurare i sintomi isterici solo in quanto e fin quando restino inconsci».

Addirittura, in una precedente relazione, *L'ereditarietà e l'etiologia delle nevrosi* (1896), Freud era stato ancora più esplicito: in tredici casi di isteria aveva riscontrato che in nessuno mancava l'episodio di *«un'esperienza precoce di rapporti sessuali con un'effettiva irritazione degli organi genitali, come conseguenza di un'aggressione sessuale effettuata da un'altra persona»* (i corsivi sono nel testo). Si trattava, scrive Freud, o di un brutale attentato commesso da una persona adulta, oppure di un atto di seduzione meno brusca e repellente, ma mirante allo stesso fine. La genesi delle nevrosi era da cercare nei traumi subiti in un periodo dell'infanzia.

Ma appena un anno dopo, Freud ritratterà. Jeffrey M. Masson nell'*Assalto alla verità* (1984) ha indagato le ragioni che hanno portato il padre dello psicoanalisi a questa svolta decisiva.

Nel 1998 la casa editrice Boringhieri pubblica, a cura di Alberto Rossati, quattro saggi di Freud riguardanti i primi passi della nascita della psicoanalisi col titolo *La seduzione sessuale infantile*. Il saggio premesso dal curatore, *Freud prima di Freud: la teoria della seduzione sessuale infantile alla luce del "ricordo di copertura"*, è un vero caso di *gesuitismo* teorico.

Anzitutto, il semplice fatto di parlare di "Teoria della seduzione" rivela quale mentalità perversa ci sia dietro queste enunciazioni teoriche. "Seduzione" è termine infelice, come nota Masson, «in quanto implica una forma di partecipazione da parte del bambino». La seduzione è una attività interattiva che richiede un reciproco consenso. Invece, i casi in questione indicano esplicitamente una violenza diretta contro un essere inerme. Perché non l'hanno definita come "Teoria degli abusi sessuali"?

Negli ambienti psicoanalitici ufficiali si è sempre preferita l'altra locuzione. Meno compromettente, evidentemente, ed è stata considerata come un vero e proprio *tabù*. Strano – vero? – per una dottrina che si vanta di aver svelato il significato dei tabù nella cultura averlo imposto ai suoi soci! E chi non lo rispetta è fuori dalla Società psicoanalitica.

Come accadde a Sándor Ferenczi (1873-1933) negli ultimi anni della sua vita. L'ultimo capitolo del libro di Masson, *Lo strano caso dell'ultimo articolo di Ferenczi*, rivela come «i grandi nomi della storia della psicoanalisi non fanno bella figura alla fredda luce di questi documenti».

La rimozione della "teoria degli abusi sessuali" è stato il prezzo che la psicoanalisi ha dovuto pagare alla storia per vedersi riconosciuta e accettata. Finché gli abusi sessuali vengono scambiati per fantasie di menti malate, la loro denuncia non rappresenta alcuna minaccia per l'ordine costituito. Anzi, la dottrina psicoanalitica ha offerto una "copertura ideologica" a questi misfatti, fornendo agli autori che se ne sono macchiati un vero e proprio alibi. La psicoanalisi ha elaborato un intero apparato teorico per togliere ogni credibilità alle vittime traumatizzate da questi abusi.

Anziché "demistificare" l'ordine sociale, la dottrina psicoanalitica ha avuto la funzione di allontanare tutti i sospetti che potessero disturbarne il sonno. Ha circoscritto i drammi dell'umanità nella mente del paziente, trasformandola in una sorta di teatro delle marionette, dove il paziente lotta contro il fantasma dei suoi desideri repressi. In questa versione, la psicoanalisi, come tecnica terapeutica, si rivelava un alleato inaspettato del buon padre di famiglia che mandava in cura dal dottor Freud la figlia della quale aveva abusato nel periodo più delicato della sua vita. Qualsiasi sentimento avrebbe espresso nei confronti del buon padre, Freud le avrebbe spiegato che era il prodotto dei suoi fantasmatici e ambivalenti desideri. In ciò che raccontava non c'era nulla di vero.

Si trattava soltanto di fantasie, attraverso le quali tutta l'umanità, in un periodo dell'esistenza, doveva necessariamente passare. Si trattava di convincere le vittime che le scene di abuso erano il prodotto di allucinazioni.

Rimossa la "teoria degli abusi sessuali", per Freud fu facile definire il bambino un "perverso poliformo". Come scriverà nei *Tre saggi sulla teoria della sessualità* (1905), il bambino «è predisposto al pervertimento». Cosicché, Freud fornisce un altro alibi agli stupratori: se essi vengono fatti oggetto di violenza sessuale, la colpa è soprattutto delle vittime che provocano i loro carnefici.

Come ha suggerito un allievo di Freud, Karl Abraham, «i bambini *in generale* hanno una costituzione idonea a provocare traumi sessuali», addirittura ci sono *certi* bambini che desiderino essere sedotti: «Tale idea può essere espressa con maggior precisione. Possiamo dire che i bambini appartenenti a tale categoria rivelano un desiderio abnorme di ottenere piacere sessuale, e in conseguenza di ciò subiscono traumi sessuali». Credo che qualsiasi stupratore sia disposto a sottoscrivere le parole dello stimato psicoanalista di formazione freudiana! Sono le medesime argomentazioni che si usano quando si vuole giustificare un qualsiasi stupro: si tenta a colpevolizzare la vittima, anziché il carnefice. È la vittima che con i suoi atteggiamenti ha provocato lo stupro.

Roma 2012

L'enigma dell'Uomo dei Lupi: Sigmund Freud e la psicoanalisi

L'antefatto

Febbraio 1910. Sergei Konstantinovitch Pankejeff, un giovane e aristocratico russo, si trova in Berggasse davanti a un portone. Ha appena compiuto ventitre anni, essendo nato nella notte di Natale del 1886, ma da diversi anni è affetto da una grave nevrosi che gli impedisce di risolvere i più semplici problemi della vita. Viaggia accompagnato da un domestico e da un medico: è incapace di fare qualsiasi cosa, persino vestirsi.

A diciotto anni la sua salute ha subito un tracollo, dopo un'infezione di gonorrea. Nel 1906 sua sorella Anna, di due anni più grande, si è suicidata, e l'anno dopo alla stessa sorte andò incontro il padre, affetto da tempo da una acuta forma di depressione. Sergei ha consultato i più celebri psichiatri dell'epoca, quali Ziehen e Kraepelin, ma senza esiti. La diagnosi è che si tratti di una psicosi maniaco depressiva dovuta a qualche lesione organica.

È stato ricoverato in diversi sanatori. Dopo un viaggio in Svizzera, nel tentativo di trovare un rimedio al suo stato di salute, al ritorno la comitiva si ferma a Vienna. Qui sentono parlare di Sigmund Freud e del suo rivoluzionario metodo di cura basato sulla parola. In pratica, i pazienti del professor Freud, anziché essere curati con farmaci o sottoponendoli a trattamenti quali l'elettroterapia o la idroterapia, pare che siano guariti con la semplice parola: Freud invita i suoi pazienti a dire tutto ciò che viene loro in mente, di vincere gli scrupoli, e di non pensare mai che qualcosa possa non avere interesse o rapporto con il caso. Freud ha scoperto questo metodo terapeutico grazie alla collaborazione con il dottore Joseph Breuer. Si tratta di riuscire a far evocare ai pazienti, tramite il metodo delle libere associazioni, gli eventi che sono all'origine dei ricordi patogeni. Il malato si libera di questi ricordi traumatici attraverso una scarica emozionale (abreazione) che porta con sé la catarsi.

Nell'anno in cui Sergei si presenta nello studio viennese, Freud è ormai quasi

considerato una celebrità a livello internazionale. L'isolamento, al quale la sua teoria psicoanalitica lo aveva per un certo periodo condannato, è ormai un ricordo del passato. Anche se le sue idee a Vienna fanno ancora discutere, esse cominciano ad essere accettate e riconosciute all'estero. Nel 1906 i suoi cinquant'anni vengono festeggiati da un gruppetto di amici e discepoli viennesi. Per il suo compleanno, gli allievi gli regalano una medaglia incisa dallo scultore Schwerdner con il suo profilo su una faccia e sull'altra un'immagine di Edipo e un verso di Sofocle: "...mirate lui che sapeva gli enigmi famosi, il più grande tra gli uomini".
Sergei intraprende la cura con Freud proprio perché sciolga gli enigmi che da un tempo segnano la sua esistenza. Anche se Freud intuisce di trovarsi davanti a un giovane di "ineccepibile intelligenza", non può certamente immaginare che il suo sarebbe diventato il caso più celebre e discusso negli annali della storia della psicoanalisi. Ben sei psicanalisti, in tempi diversi, si occuperanno di questo caso. Il primo trattamento con Freud durò ben quattro anni. I suoi materiali serviranno a Freud per scrivere, e pubblicare nel 1918, il resoconto di questo caso: "Il caso

dell'uomo dei lupi. Dalla storia di una nevrosi ossessiva"[1].

---

[1] Citerò questo caso nella versione: Sigmund Freud, *Casi clinici, 7, L'Uomo dei lupi. Dalla storia di una nevrosi ossessiva. 1914*, Boringhieri, Torino 1977.

Un caso mai risolto

Freud presenta il caso come felicemente risolto. Effettivamente, dopo il trattamento durato ben quattro anni, Sergei sembrava completamente ristabilito dal punto di vista mentale.

La rivoluzione bolscevica gli fece perdere l'immensa fortuna di cui disponeva facendolo precipitare nella più nera miseria. Nel 1919 ritornò a Vienna. Freud lo curerà gratuitamente. Questa volta il trattamento avrà una durata più breve: quattro mesi. Nel 1926, ebbe una grave ricaduta, e abbisognò di un nuovo trattamento. Questa volta Freud lo affidò a una sua allieva, Ruth Mack Brunswick, la quale, sostanzialmente, conferma la diagnosi del Maestro. In seguito, del caso si sono occupati Muriel Gardiner e Kurt Eissler. Infine, Sergei fu intervistato dalla giornalista Karin Obholer. Dalla bibliografia possiamo notare come i più eminenti psicoanalisti si siano occupati di questo caso.

Perciò, non a torto, è stato scritto che questo ex paziente di Freud «è stato elevato allo statuto di monumento storico della fondazione della psicoanalisi» (Monique Schneider). L'unica cosa che per adesso posso affermare è che, nonostante tutti questi trattamenti, l'Uomo dei Lupi non è mai guarito completamente delle sue ossessioni.

La "deviazione" di Freud dell'Uomo dei lupi

La famiglia di Sergei Pankeieff viveva in una tenuta di campagna non distante da Odessa. D'estate si trasferivano in un'altra casa di campagna. Il luogo di questa seconda residenza servirà a Sergei come punto di riferimento per fissare i suoi ricordi, poiché era sicuro che all'età di cinque anni i suoi genitori vendettero questa seconda tenuta per trasferirsi in città. Insieme ai genitori, oltre alla sorella Anna, di due anni più grande di lui, viveva la sua bambinaia, la "nanja", «un'anziana contadina ignorante, che nutriva per lui un inesauribile affetto». I genitori si erano sposati piuttosto giovani. Purtroppo la madre soffriva di disturbi pelvici, accompagnati da emorragie e dolori, e ciò le impediva di occuparsi dei bambini. Il padre, invece, era soggetto a frequenti attacchi depressivi.

Quando la famiglia di Pankeieff risiedeva in questa seconda tenuta, d'estate venivano a far visita, per lunghi periodi, parenti prossimi: «fratelli del padre, le sorelle della madre con i loro bambini, i nonni materni» [p. 20]. In estate, i genitori erano soliti assentarsi per qualche settimana.

Sergei sembra che nei primi anni «fosse stato un bambino dolcissimo, docile e piuttosto tranquillo, tanto che in casa si era soliti dire che avrebbe dovuto lui nascer femmina e la sorella maschio»; ma, una volta, i genitori, al ritorno delle vacanze estive, trovarono il bambino completamente trasformato: Sergei «era diventato scontento, irritabile, violento; per un nonnulla si offendeva e, preso dall'ira, si metteva a strepitare selvaggiamente» [p. 21].

Dalla ricostruzione fatta, pare che il bambino, quando subì questo radicale cambiamento nel comportamento, doveva avere circa tre anni e mezzo. «La perspicace nonna» – annota Freud – che aveva trascorso l'estate con i nipoti, credeva che «l'irritabilità del bambino fosse stata provocata dai dissapori che si erano verificati tra [la governante] inglese (che avevano assunto proprio in quella estate) e la *nanja*». Anche la figlia, ossia la madre del bambino, era «propensa ad attribuire il cambiamento di carattere del figlioletto all'influenza di costei». Questa governante inglese si era rivelata persona balzana, intrattabile e per giunta dedita al bere.

Freud, a quanto pare, sostanzialmente concorda con la versione delle due donne e non ritiene opportuno approfondire questo lato della questione. Tuttavia, nonostante che la governante fosse stata subito licenziata, il comportamento del bambino non migliorò affatto, anzi cominciò ad avere forti disturbi intestinali, sotto forma di incontinenza. Praticamente, il bambino cominciò ad accusare degli stessi sintomi di cui soffriva la madre.

Di fronte a questo radicale cambiamento del comportamento, il Freud dell'*Etiologia dell'isteria* (1896) avrebbe senza dubbio indagato in tutt'altra direzione. Il Freud, autore dei *Tre saggi sulla teoria della sessualità* (1905), ha radicalmente cambiato oggetto e metodo di investigazione. Egli sa già in anticipo in quale direzione investigare. Credo che lo sapesse fin da quando Sergei ha messo piede nel suo studio. Freud ha in mente lo schema interpretativo attraverso il quale esaminerà la storia del caso paziente.

Qualunque indizio Sergei gli fornirà, Freud sa in anticipo quale pista occorrerà inseguire. Si tratta di far emergere dai ricordi remoti una fantomatica "scena primaria", individuare il luogo e il tempo in cui il "misfatto" è avvenuto, dopodiché, indizio dopo indizio, occorre metterla in relazione con gli episodi dell'infanzia del paziente, risalendo così la corrente energetica ed emotiva che conduce alle prime manifestazioni patologiche.

Sotto questo profilo è indifferente, annoterà Freud alla fine del suo resoconto, «considerare la scena stessa come una *scena* primaria o come una *fantasia* primaria» [p. 126]. Freud crede fermamente che il repentino cambiamento comportamentale, al quale il bambino è andato soggetto durante l'assenza dei genitori, sia conseguenza di un "dramma", situato in un tempo remoto, e che qualcosa nel tempo presente ne abbia provocato la riattivazione. Si tratta dunque di mettere in relazione dati o indizi raccolti nel "tempo presente" – quando il bambino ha tre anni e mezzo – con un ipotetico dramma accaduto nel passato.

Freud stesso dichiara che il "materiale" relativo alla "scena primaria" fu ottenuto sotto la pressione spietata di una scadenza che ponesse termine all'analisi, qualunque ne fosse stato l'esito. Infatti, dopo che anni di trattamento avevano fornito scarsi risultati, Freud impose al paziente una data: «Sotto la pressione inesorabile di questa scadenza [...] l'analisi fornì tutto il materiale necessario per la soluzione delle inibizioni del malato e l'eliminazione dei suoi sintomi». Attraverso questa "forzatura" Freud opera un vero e proprio spostamento, o, nei suoi termini, una vera e propria opera di rimozione.

L'analista, infatti, non si domanda: cosa è potuto accadere di così drammatico o traumatico durante l'assenza dei genitori da far subire al bambino un cambiamento così radicale? Si è semplicemente fidato della versione fornita dalla "nonna perspicace", e confermata dalla figlia: «I primi sospetti si appuntarono comprensibilmente sulla governante inglese, dal momento che il mutamento del bambino si era verificato durante la presenza di costei» [p. 25].

Il bambino era di colpo diventato intrattabile, e di ciò, secondo la versione sottoscritta dalle due donne più importanti della casa, doveva senza dubbio esserne responsabile l'ultima arrivata. Freud evita di chiedersi se la severità della governante inglese fosse dovuta invece proprio al cambiamento comportamentale del bambino. L'analista ipotizza che le minacce di castrazione della governante abbiano potuto provocare il comportamento anormale del bambino. Sta di fatto che in realtà, come scriverà più avanti, i severi castighi e gli energici rimproveri impartiti dalla governante erano una conseguenza dei comportamenti aggressivi del bambino.

Il complesso d'Edipo, chiave universale dei processi psichici

L'impressione che si ha, leggendo queste prime pagine del resoconto sull'*Uomo dei lupi*, è che Freud voglia deviare l'indagine da una "scena reale" per ricondurla verso una presunta "scena immaginaria". Questo spostamento di indagine garantisce a Freud la possibilità di "fissare lo sguardo" altrove, in un campo che non comprometta lo statuto morale della famiglia patriarcale. Intendo dire, se le cose sono da indagare su un piano puramente fantasmatico o immaginario, ovviamente non c'è alcun "responsabile" da inchiodare. Per Freud si tratta di "liberare" il paziente da un "senso di colpa universale", come fa la religione quando parla di un presunto peccato originale.

Nella prospettiva freudiana, il bambino si porta dentro un "senso di colpa" risalente alla fase edipica. Proprio come il peccato originale, il complesso d'Edipo da un lato "deresponsabilizza" l'individuo, mentre, dall'altro, lo "colpevolizza": lo deresponsabilizza, in quanto avere impulsi ambivalenti nei confronti dei genitori fa parte della natura (o della cultura) umana. Ma lo colpevolizza perché la nevrosi è una conseguenza di un non risolto complesso d'Edipo.

In una nota (71) al terzo saggio sulla *Teoria della sessualità* (1905), Freud è esplicito: «Ogni essere umano si vede imporre il compito di vincere in sé il "complesso d'Edipo"; e s'egli fallirà a questo compito, sarà un nevropatico. La psicanalisi ci ha insegnato a valutare sempre più l'importanza fondamentale del "complesso d'Edipo"; e possiamo dire che avversari e partigiani della psicoanalisi sono separati precisamente dall'importanza che i secondi annettono a questo complesso». Il riconoscimento dell'importanza del "complesso d'Edipo" come etiologia delle nevrosi rappresenta per Freud un vero e proprio spartiacque, il Mar Rosso della psicoanalisi, un dogma, un articolo di fede. Chi non crede in questo dogma è fuori dalla grazia psicoanalitica.

Le ossessioni e le fobie di cui il bambino sarà affetto nel corso degli anni sono da rintracciare in un complesso edipico non risolto. Quindi tutto il materiale che Freud raccoglierà e selezionerà, nel corso dell'analisi, non dovrà fare altro che confermare questo schema. Alla fine del resoconto sull'*Uomo dei lupi*, Freud scrive: «Casi del genere sembrano fatti apposta per convincerci dell'effettiva esistenza di questi schemi». Tutti gli sforzi, che Freud compierà nel corso del trattamento analitico, saranno concentrati nell'individuare e selezionale gli elementi che possano confermare i suoi sospetti.

Anche alla base del caso dell'Uomo dei lupi ci deve essere un confitto edipico non risolto. Tuttavia, nonostante anni di trattamento analitico, le sue fobie per gli animali, la sua ossessione a sfondo religioso, che hanno segnato la vita del paziente sino a otto anni, pare che non trovino soluzioni. Naturalmente, Freud attribuisce al paziente la responsabilità di questo *impasse*: «Il paziente [in esame] si trincerò per parecchio tempo dietro un atteggiamento di docile indifferenza. Stava a sentire, capiva, ma restava inattingibile» [p. 16]. Se la cura non dava i risultati sperati ciò era dovuto allo scarso spirito di collaborazione del paziente, o alle sue "comprensibili" resistenze. In quattro anni, insomma, Freud, a quanto pare, non viene mai sfiorato dal dubbio che forse la mancanza di risultati concreti fosse da addebitare al fatto che la sua indagine andava in una direzione sbagliata.

Secondo Freud, soltanto quando il paziente fu sottoposto alla pressione di porre fine al trattamento, ponendo un termine inderogabile, egli fu nelle condizioni di superare ogni resistenza e di fornire all'analista il materiale necessario per interpretare le sue nevrosi. Nell'ultima fase dell'analisi, finalmente il paziente rivela la famosa "scena primaria" che Freud aspettava da tempo in grado di fornire la chiave per incastrare tutti i pezzi della sua storia.

In realtà, viene da chiedermi, la scarsa collaborazione del paziente era dovuta alla "resistenza" o ad altro? Freud stesso riconosce che il paziente era dotato di un'estrema intelligenza. Leggendo con attenzione il resoconto freudiano, posso ipotizzare a cosa fosse dovuto questo scarso spirito collaborativo di cui l'analista di lamenta. Sergei ha capito in quale direzione Freud porterà avanti l'indagine. Ha intuito in quale ragnatela concettuale imbriglierà il suo caso. Ho l'impressione infatti che Sergei nel suo animo abbia compreso che Freud investigherà sempre e in un'unica direzione, e che, allo stesso tempo, finirà lui stesso con il condividere questa direzione, se ne farà complice, o si dichiarerà "soddisfatto" delle soluzioni che Freud gli proporrà.

Per l'Uomo dei lupi l'aspetto più importante del rapporto con Freud è il processo di Transfert. Perciò egli comunicherà con l'inconscio di Freud. È come se Sergei sapesse che, al di là delle soluzioni "razionali" che Freud avanzerà sul suo caso, egli può instaurare con il suo analista una "comunicazione segreta", o una vera e propria "seduzione"; o che lo voglia "iniziare" a qualcosa il cui senso sfuggirà allo stesso Freud.

Sarà proprio questa "iniziazione" segreta che Freud ci consegnerà inconsapevolmente con il suo resoconto. Mentre i suoi esegeti si lasciano "affascinare" dalla trappola concettuale allestita da Freud per ingannare se stesso e il suo paziente, io rivolgerò la mia attenzione a questa "iniziazione segreta" tra l'Uomo dei lupi e il suo analista. Perciò mi servirò soltanto del materiale che lo stesso Freud ha fornito sul caso.

L'iniziazione segreta dell'Uomo dei lupi

Riprendiamo una scena descritta da Freud e avvenuta nei primi tempi della terapia: «Nella camera in cui si svolsero le prime sedute v'era un grande orologio a muro dirimpetto al paziente, che stava sdraiato sul divano volgendomi le spalle». Da questa descrizione si capisce che l'analista stava *a tergo* rispetto al paziente. «Notai», continua Freud, «che di tanto in tanto egli girava il volto verso di me, mi guardava molto amichevolmente come per rabbonirmi, poi andava con lo sguardo da me all'orologio». Freud dice che all'epoca aveva frainteso la mimica. Credeva che il paziente esprimesse così la sua ansia che la seduta terminasse. Molto tempo dopo, Sergei fornirà una spiegazione di questa mimica, «ricordando che il più piccolo dei sette capretti si era nascosto nella cassa dell'orologio a muro, mentre i sei fratelli venivano divorati dal lupo. Dunque, era come se il paziente avesse voluto dire: "Sii buono con me; debbo avere paura di te? Mi vuoi divorare? debbo nascondermi nella cassa dell'orologio, come il più piccolo dei capretti?» [pp. 46-47].

Se, come ricorda Freud, questa mimica è avvenuta nei primi tempi dell'analisi, mi sembra evidente in quale direzione il paziente volesse spingere Freud nella sua investigazione. Se Sergei è *a tergo*, steso sul divano, la domanda rivolta all'analista ha un altro significato: "Stai per divorarmi?", ossia "Mi vuoi sodomizzare?". Probabilmente, questa paura (o desiderio) non viene suggerita al paziente soltanto dalla "posizione" in cui i due vengono a trovarsi durante la seduta, ma anche da un altro particolare: nella saga Völsunga, *Sigmund* e Sinjötli sono due lupi mannari. Inoltre, in tedesco "*Mund*" vuol dire proprio "bocca". Se "divorare" sta per "sodomizzare", allora, come narrano le favole, i lupi "divorano" i "capretti" (o i bambini) con la bocca. Quindi, se Freud è un lupo, Sergei è un capretto bianco.

Sergei in più di un'occasione ha raccontato a Freud che quando era piccolo, durante il periodo di angoscia, la sorella maggiore, Anna, si divertiva a spaventarlo, «mostrandogli un illustrazione d'un libro di fiabe, dove si vedeva un lupo in posizione eretta, un piede proiettato in avanti, gli artigli sporgenti e le orecchie tese». Che l'illustrazione fosse così importante per il paziente lo dimostra il fatto che durante la cura frugò instancabilmente in molti negozi di libri usati per scovare il libro di fiabe illustrate della sua infanzia: «Riconobbe così il suo spauracchio in una figura che illustrava la fiaba del *Lupo e i sette capretti*».

Sergei tuttavia fa una precisazione significativa su questa sua fobia infantile: «Egli ricordava con assoluta certezza di non essere stato intimorito dalla figura del lupo che cammina a quattro zampe o che giace nel letto come nella fiaba di Cappuccetto Rosso» [p. 47]. Non è, dunque, l'immagine del lupo a terrorizzarlo, ma la sua "posizione eretta", vale a dire il camminare su due zampe, come gli uomini. Se, durante nelle prime fasi dell'analisi, Sergei insisteva molto su questo particolare, vuol dire che non era un dato trascurabile.

L'incubo dell'Uomo dei lupi

Il famoso sogno angoscioso dell'Uomo dei lupi fu narrato a Freud nelle prime fasi dell'analisi. Immediatamente Sergei condivise l'opinione di Freud secondo la quale dietro il contenuto manifesto di quel sogno (o incubo) si celava l'enigma della sua nevrosi infantile o dell'intera sua esistenza. Ma Freud ha risolto effettivamente, come sottoscrivono acriticamente i suoi esegeti, l'enigma di questo sogno? Lasciamo in sospeso tale domanda e occupiamoci di come Freud ha interpretato il sogno:

"Sognai che era notte e mi trovavo nel mio letto (il letto era orientato con i piedi verso la finestra e davanti ad essa c'era un filare di vecchi noci; sapevo ch'era inverno mentre sognavo, e ch'era notte). Improvvisamente la finestra si aprì da sola, e io, con grande spavento, vidi che sul grosso noce proprio di fronte alla finestra stavano seduti alcuni lupi bianchi. Erano sei o sette. I lupi erano tutti

*bianchi e sembravano piuttosto volpi o cani
da pastore, perché avevano una lunga coda
come le volpi, e le orecchie ritte come quelle
dei cani quando stanno attenti a qualcosa. In
preda al terrore – evidentemente di essere
divorato dai lupi – mi misi a urlare e mi
svegliai".*

Sergei aggiunse questo prezioso commento:
«L'unica azione contenuta nel sogno fu
l'aprirsi della finestra, poiché i lupi stavano
seduti, tranquilli e immobili sui rami
dell'albero, a destra e a sinistra del tronco, e
mi guardavano. Era come se avessero rivolto
su di me tutta la loro attenzione. Credo che
questo sia stato il primo sogno d'angoscia.
Avevo tre o quattro anni, cinque al massimo.
Da allora, fino agli undici o dodici anni, ho
sempre avuto paura di vedere in sogno
qualcosa di orribile». Sergei è sicuro di aver
fatto quest'incubo a ridosso del suo
compleanno e quindi alla Vigilia di Natale.
«Il giovane aggiunge un disegno dell'albero
coi lupi che conferma la sua descrizione».
[pp. 35-36].
Parti del materiale onirico vengono reperite
da Freud da due racconti: *Il lupo e i sette
capretti* e una storia che aveva sentito
raccontare dal nonno. Il numero dei lupi –

sei/sette – e la loro bianchezza si riferivano alla prima favola. Il fatto invece che i lupi fossero sui rami dell'albero, alla seconda storia. Ecco come Sergei racconta questa storiella a Freud: «Un sarto stava seduto al tavolo nella sua stanza, ed ecco che la finestra si apre e balza dentro un lupo. Il sarto gli scaglia addosso la misura – anzi no... si corregge il giovane – lo acchiappa per la coda e gliela strappa, sicché il lupo fugge via terrorizzato. Qualche tempo dopo il sarto va nel bosco, a un tratto vede avvicinarsi un branco di lupi e per evitarli cerca rifugio su un albero. I lupi dapprima non sanno che fare, ma quello mutilato, che si trova fra loro e vuole vendicarsi del sarto, propone ai compagni di montare uno sull'altro in modo che l'ultimo possa raggiungere il sarto. Lui stesso – un vecchio lupo robusto – farà da base alla piramide. I lupi seguono il suo consiglio ma il sarto ha riconosciuto il visitatore punito e a un tratto grida come quel giorno: "Acchiappate il grigio per la coda". A questo ricordo il lupo senza coda scappa via atterrito e tutti gli altri ruzzolano a terra» [pp. 36-37].

Per tutta la durata del trattamento, sebbene più volte fossero tornati sul suo significato, «solo negli ultimi mesi di cura fu possibile comprenderlo per intero, e ciò grazie al lavoro spontaneo del paziente» [p. 39]. Su questa "spontaneità" sono stati avanzati ragionevoli dubbi, giacché, ricordiamo, Freud aveva imposto un termine al trattamento, operando quindi sul paziente una indebita pressione psicologica.

Il paziente trovava notevole il persistente senso di realtà che il sogno gli aveva lasciato [p. 39]. Secondo Freud, «il sogno sembrava alludere a un avvenimento la cui realtà veniva ad accentuarsi proprio per il suo netto contrasto con l'irrealtà delle fiabe». Insomma, da questo punto preciso dell'analisi, Freud fa di tutto per cancellare le tracce che possano ricondurre l'interpretazione del sogno a una scena reale, accaduta non in un'epoca assai remota, ma in una data prossima all'incubo. Per Freud il contenuto del sogno era da mettere in relazione a una fantasmatica scena primitiva collocabile in un tempo remoto, quando il bimbo aveva circa diciotto mesi.

Molte critiche avanzate hanno voluto mettere in dubbio il fatto se un bambino di quell'età fosse in grado di comprendere una scena di quel tipo o che l'abbia potuto capire a distanza di anni riattivandosi nel contenuto latente dell'incubo. Confesso che a me questo aspetto non interessa affatto. Personalmente credo che sia probabile, sebbene non nei termini descritti da Freud. Il problema sul quale occorre focalizzare l'attenzione è se il contenuto dell'incubo rimandi o non rimandi alle tracce mnestiche della scena primaria, e se sia possibile (e in che misura) che tali tracce si siano riattivate, come sostiene Freud, a distanza di alcuni anni.

Freud per mettere in relazione il contenuto dell'incubo e quello della presunta scena primaria è costretto a eliminare l'intero contesto entro il quale gli avvenimenti si svolgono.

Si obietterà che l'inconscio è atemporale, elimina cioè le distanze temporali. Ma su questo punto ho avuto la netta impressione che Freud non prenda sul serio le paure che "divorano" il bambino. Intendo dire che le sue paure sono *reali*, non si pongono su un piano fantastico. Lo scarso senso di realtà che denoterà tutto il corso della sua esistenza, fino a renderlo incapace di vestirsi da solo, è dovuto proprio al fatto che egli non ha presa sulla realtà. Le sue paure sono senz'altro il prodotto di un suo mondo fantasmatico, ma nell'epoca in cui le vive, cioè alla età di quattro anni, quelle paure sono più reali delle cose che tocca. In pratica è come se il bambino, lasciandosi assorbire da questo mondo fantasmatico che percepisce più *reale* della stessa realtà, perdesse quotidianamente il contatto con la realtà reale, diventando, nei suoi confronti, completamente inibito.

Sergei, d'ora in avanti, non dovrà difendersi dalla cosiddetta realtà reale, ma da questo mondo angoscioso che lo "divorerà" completamente. Non è sulla eliminazione della distanza temporale che occorre puntare l'analisi, bensì sull'eliminazione di ogni distinzione tra il mondo reale e quello fantastico. Le paure che divorano il bambino hanno la stessa dignità di una paura dettata da fattori reali. Occorre dunque indagare sulle origini di queste fobie, trattandole come se fossero paure reali. Quindi, se prendiamo le fobie, di cui il bambino era affetto all'età di quattro anni, per quelle che per lui rappresentavano, possiamo davvero convincerci che esse hanno avuto origine da quella scena primaria come la ricostruisce Freud? La questione sta qui: può una paura immensa avere la sua fonte in un ricordo, in un fatto accaduto in un'epoca remota? Possiamo mai credere a ciò?

L'interpretazione di Freud del sogno dell'Uomo dei lupi e la "scena primaria"

Durante l'estate, qualche mese prima della notte dell'incubo, al loro ritorno, i genitori trovano il bambino completamente cambiato. Dopo quattro, cinque mesi, all'approssimarsi del giorno di Natale, quindi del suo compleanno, il bambino farà il famoso incubo intorno al quale s'incentrerà l'analisi freudiano. Qualsiasi persona di buon senso ne avrebbe concluso che tra i due fatti (il cambiamento e l'incubo) vi sia una qualche correlazione. Ma l'autore dell'*Interpretazione dei sogni* non può accettare una tale pista investigativa. Nega che il contenuto manifesto del sogno rimandi a un evento realmente accaduto e terribilmente traumatizzante e oniricamente trasfigurato. La visione fallocratica ed edipica di Freud non gli consente di fare ipotesi iscrivibili fuori da questo schema. Il lupo del sogno dev'essere una traslazione del padre: per Freud e i freudiani non possono esserci dubbi.

Per dimostrare tale identificazione, il paziente deve soltanto decidersi a vincere le proprie resistenze e a fornire gli elementi che confermino questa visione. Ma nonostante siano trascorsi diversi anni, Sergei non si decide a dare la chiave che possa risolvere l'enigma del suo incubo. Freud ha in testa questo schema: *«Un avvenimento reale – che risale a un'epoca remota – guardare – immobilità – problemi sessuali – evirazione – il padre – qualcosa di terribile»* [p. 41], ma per completare il quadro gli occorre la fonte da cui ripartire. Sergei, dunque, deve rivelare l'avvenimento reale, risalente a un'epoca remota. Solo così i pezzi possono incastrasi in modo perfetto. Ma lo fa sotto la pressione di una autorevole minaccia.

Ed è così che finalmente Sergei si decide a rivelare l'immagine remota che ha riattivato il contenuto del sogno angoscioso: «è la scena di un coito tra i genitori, avvenuto in condizioni piuttosto insolite e particolarmente favorevoli all'osservazioni». Fu possibile accertare anche l'epoca dell'avvenimento: quando i bambino aveva circa un anno e mezzo. Addirittura Freud può anche stabilire

l'ora in cui questa scena primitiva è accaduta:
le cinque del pomeriggio. In un caldo
pomeriggio d'estate, i genitori semivestiti si
sono ritirati in camera per un sonnellino
pomeridiano. Il bimbo si trova in camera
perché a quel tempo soffriva di malaria. Al
suo risveglio, il bambino assiste a un *coitus a
tergo*, ripetuto tre volte, riuscendo a vedere
sia l'organo genitale di sua madre che il
membro del padre. Più avanti [p. 86] Freud
scriverà che il bambino interruppe il rapporto
sessuale dei genitori defecando.

Ormai per Freud non ci sono dubbi: le origini
di tutte le sue fobie che hanno segnato
l'infanzia del bambino sono da ricercare in
questa scena traumatica, ma remota. Cosa poi
ci sia di così traumatico in una tale scena è
qualcosa che solo Freud può intendere! Per
assistere a una tale scena, in cui il bambino
vede i genitali di entrambi i genitori,
quantomeno doveva essere sul loro stesso
letto. Ma il bambino come faceva a
interpretare tale scena come una scena di
violenza? L'avrebbe tutt'al più scambiata per
un gioco!

Ora che Freud ha ottenuto il suo scopo, può
ricostruire finalmente i rapporti tra il

contenuto manifesto e i pensieri onirici latenti alla luce della presunta scena primaria:

«*Era notte e mi trovavo nel mio letto*. Il secondo periodo riproduce l'esordio della scena primaria. "Era notte" è una deformazione per "avevo dormito". L'osservazione: "sapevo ch'era inverno mentre sognavo, e ch'era notte" si riferisce al ricordo che il soggetto ha del sogno, non già al contenuto di questo. Tale osservazione è esatta; era una delle notti precedenti il giorno del suo compleanno che coincideva col giorno di Natale».

«*Improvvisamente la finestra s'aprì da sola*. Da tradurre: "Improvvisamente mi svegliai da solo", ricordo della scena primaria [...]».

«*Il grosso noce*. Rappresenta l'albero di Natale, cioè un elemento attuale; ma anche l'albero della storia dei lupi, sul quale si rifugia il sarto inseguito e ai cui piedi stanno in agguato i lupi. A quanto ho costatato più volte, l'alto albero è anche un simbolo del guardare, del voyeurismo [...]».

«*I lupi*. Il loro numero, sei o sette. La storia dei lupi parla di un branco, senza indicare il numero. La precisazione nel sogno mostra l'influsso della fiaba dei sette capretti, di cui sei vengono divorati. La sostituzione del numero due della scena primaria (i genitori) con una pluralità che nella scena primaria sarebbe stata assurda, è consona alla resistenza come mezzo di deformazione. Nel disegno che illustra il sognatore porta a espressione il numero cinque, inteso a rettificare presumibilmente l'indicazione "era notte"».

«*Stanno seduti sull'albero*. Sostituiscono in primo luogo in primo luogo i regali che pendono dall'albero di Natale. Ma sono altresì collocati sull'albero perché ciò può significare che guardano. Nella storia del nonno sono raggruppati sotto l'albero; dunque nel sogno il loro rapporto con l'albero è invertito, donde può desumersi che il sogno presenti altre inversioni del materiale latente».

«*Lo guardano con concentrata attenzione*. Il particolare proviene decisamente dalla scena primaria ed è entrato nel sogno a prezzo di un capovolgimento totale».

«*Sono tutti bianchi*. Questo tratto in sé non essenziale ma fortemente sottolineato nel resoconto del sognatore deve la sua intensità a un'ampia fusione di elementi desunti da tutti gli strati del materiale e combina dettagli secondari delle altre fonti del sogno con un frammento più significativo della scena primaria. Quest'ultima determinazione risale indubbiamente al bianco del letto e degli indumenti intimi dei genitori; ad esso si aggiunga il bianco delle greggi di pecore e dei cani da pastore (allusione all'esplorazione sessuale condotta dal bambino sugli animali), il bianco della fiaba dei sette capretti, in cui la capra bianca viene riconosciuta dalla zampetta bianca. Vedremo più oltre che la biancheria candida contiene altresì un'allusione alla morte».

«*Stanno seduti immobili.* Ciò contraddice l'elemento più rivelante della scena osservata: l'intenso movimento che mediante la posizione a cui dà luogo stabilisce il collegamento tra scena primaria e storia dei lupi».

«*Hanno code come le volpi.* Ciò è inteso a contraddire una conclusione che il bambino ha ricavato dalla ripercussione della scena primaria sulla storia dei lupi; tale conclusione va considerato il risultato più importante dell'esplorazione sessuale: l'evirazione è dunque una realtà. Il terrore con cui è accolto questo risultato dell'indagine si apre alla fine una strada nel sogno e ne provoca la conclusione».

«*La paura di essere divorato dai lupi*. Al sognatore questa paura non sembra motivata dal contenuto del sogno. Riteneva che non avrebbe dovuto intimorirsi, giacché i lupi avevano piuttosto l'aspetto di volpi o di cani e non si avventano su di lui come per morderlo, ma erano anzi tranquillissimi e niente affatto terribili. Notiamo che il lavoro onirico si è per un certo tempo sforzato di rendere inoffensivi gli elementi penosi mediante trasformazioni in senso contrario (i lupi non si muovono, hanno bellissime code). Ma alla fine l'espediente fallisce e la paura esplode. Essa trova modo di esprimersi grazie alla fiaba in cui i capretti-bambini vengono divorati dal lupo-padre. È anche possibile che questo contenuto fiabesco abbia ricordato al bambino minacce scherzose fattegli dal padre mentre giocava con lui, talché la paura di essere divorato dal lupo può essere sia una reminiscenza sia un elemento sostitutivo dovuto a spostamento».

Freud ha così interpretato il significato latente dell'incubo dell'Uomo dei lupi, attraverso quasi una corrispondenza biunivoca tra gli elementi del sogno e la scena primaria: il suo contenuto manifesto altro non è che la rievocazione di una scena "traumatica" risalente a un tempo remoto, anzi remotissimo. All'improvviso è come se il bambino nel sogno avesse compreso il significato di quella scena e ne fosse rimasto traumatizzato. Mi sono sempre chiesto quali sono i criteri in base ai quali un analista può arrivare alla conclusione che il contenuto di un sogno sia stato interpretato in maniera "corretta". Suppongo che l'accordo verbale dell'analizzato faccia parte di uno di questi criteri. La "guarigione" credo che sia un altro criterio per potere stabilire la correttezza dell'interpretazione. Infine, la stretta coerenza del significato complessivo del sogno, tale che ogni elemento s'accordi con altri, sia un fattore indispensabile.

Leggendo svariati commenti sul modo in cui Freud ha interpretato questo incubo, ho notato come tutti i commentatori siano sostanzialmente d'accordo con tale interpretazione, al punto da ritenerla un "classico" o un modello interpretativo. In una nota, Freud scrive: «È stretta norma dell'interpretazione onirica che ogni dettaglio trovi la sua spiegazione» [p. 48]. Ebbene, se volessi sottoscrivere questa classica interpretazione freudiana ci sarebbe un dettaglio che mi lascia perplesso: i cinque lupi. Il sogno narrato parlava di "sei o sette", nel disegno invece ne compaiono solo cinque. Perché questa "imprecisione" o "variazione"? Freud scrive che il giovane aggiunse un disegno che conferma la sua descrizione. In realtà, la contraddice in un punto ben specifico. Il numero "sei o sette" è riferito verbalmente, il "cinque", invece, è riportato iconograficamente.

Disegnando, l'autore ha forse avuto maggiori possibilità di concentrarsi sull'immagine che aveva in testa, e di vedere che i lupi erano cinque come le dita di una mano. Se proviamo a rovesciare il disegno, il lupo più in alto e destra dell'osservatore, si configura come il pollice della mano (in basso e a sinistra), mentre quello sul lato destro e in basso come un mignolo. I cinque lupi si configurano come le dita di una mano. Contare le cose sulle punte delle dita è un atto che i bambini iniziano a fare nei primi anni. Ma il problema è: cosa "contasse" il bambino, ossia cosa "enumerasse"? Ovviamente questa mia interpretazione potrebbe essere una pura illazione, in quanto fondata su niente. Cosa potrei dire a sostegno di questa interpretazione? Le dita della mano non sono bianche, non hanno code lunghe né orecchie ritte.

Eppure, la mano è l'organo che afferra e incorpora gli oggetti: «Le dita della mano formano uno spazio cavo entro il quale cercano di stringere una parte della creatura toccata. Lo spazio all'interno delle mani piegate per afferrare è l'anticamera della cavità della bocca e dello stomaco nelle quali la preda sarà definitivamente incorporata. Molti animali afferrano con la bocca armata di denti, anziché con gli artigli o con le zampe» [E. Canetti, *Massa e potere*, Adelphi, pp. 243-256]. All'atto di afferrare e incorporare si riferiscono le superstizioni relative ai grandi felini, alle tigre e ai leoni, ma anche ai lupi. La mano afferra le prede per portarle alla bocca: le zanne sono bianche; «le fauci spalancate hanno perseguitato l'uomo nei sogni e nei miti» (Canetti).

Forse sto divagando, ma credo che la chiave del sogno sia proprio iscritta in quel numero. Freud ricorda che «a partire dai dieci anni il paziente andò periodicamente soggetto a stati d'animo depressivi che iniziavano nel primo pomeriggio e raggiungevano l'acme verso le cinque». Per Freud non c'era dubbio che quello stato depressivo sostituiva gli accessi di febbre di cui il bambino era affetto all'epoca della scena primaria. Le cinque del pomeriggio doveva essere l'ora in cui il bambino aveva assistito al coito. Un bambino febbricitante non solo avrebbe registrato ciò che accadeva nella camera dei genitori, ma addirittura ne avrebbe registrato l'ora. Freud vuole farci intendere che un bambino delirante e di un anno e mezzo, capace a malapena di distinguere il giorno dalla notte, fosse addirittura capace di registrare l'ora. In realtà, Freud ha intuito la centralità di quel numero, e non può lasciarlo scoperto nell'interpretazione. Allora è costretto a inventarsi l'orario del coito.

Come ha proceduto Freud nella sua interpretazione onirica dell'Uomo dei lupi? Ha spiegato ogni dettaglio del sogno alla luce della scena primaria. Il materiale onirico invece è stato fornito al sognatore da due storielle (*Il lupo e i sette capretti* e la storiella del nonno) e dal fatto di essere alla vigilia di Natale. La prima favola ha fornito a Sergei il numero degli capretti (sette-sei) e il colore bianco dei lupi; la storiella del nonno, invece, gli ha fornito lo scenario. I semiologi direbbero che i "significanti" del sogno (i contenitori) sono dati dalle due storielle: i "significati" (i contenuti), invece, dalla scena primaria. Ogni *significante* rimanda a un *significato*. Il significante allora è soltanto un veicolo, un mezzo di cui l'apparato inconscio si serve per veicolare un significato altro o più significati.

Potrei anche scrivere che il "corpo" o l'immagine materiale del sogno veicola un concetto altro rispetto ad essa. L'immagine del lupo, ad esempio, secondo Freud, "nasconde" l'idea di padre. Se dunque il "lupo/padre" diventa un "segno onirico", al contrario del segno linguistico, il legame tra l'immagine e il concetto non può essere assolutamente arbitrario. Il modo in cui l'inconscio costruisce un segno onirico deve avere una sua intrinseca ragione. La connessione non può essere del tutto arbitraria. Altro fattore importante è che l'immagine non esprime soltanto un solo concetto, ma può esprimere contemporaneamente una molteplicità di concetti. L'immagine del lupo, oltre al concetto di padre, può esprimere anche la paura di essere divorato.

L'uomo dei lupi e la favola di Afanas'ev *Il lupo imbecille*

Tornando al mio esempio, se affermo che l'immagine dei cinque lupi può esprimere l'idea delle cinque dita della mano devo fornire prove evidenti che possano ragionevolmente giustificare una tale relazione. Una volta che ho fornito tali prove allora posso passare all'interpretazione del segno onirico.

Per fondare la relazione del segno onirico "lupo/padre", Freud rimanda alla scena primaria, nella quale il bambino ha osservato la posizione in piedi del padre. Invece, la posizione "a quattro zampe" della madre gli avrà ricordato il modo in cui i cani sogliono accoppiarsi. Potremmo dire, si tratta di un pensiero retroattivo: il bambino, osservando il modo in cui i cani s'accoppiano, ha riattivato nella mente questa scena remota. Ma neanche in questo caso mi sembra ragionevole la connessione con l'immagine del lupo e quella del coito *a tergo*. Per quale ragione, intendo dire, i cani o i cavalli che s'accoppiano devono trasformarsi in lupi? Perché poi i due "lupi" della scena primaria diventano cinque nella rappresentazione onirica? Se, come fa Freud, facciamo intervenire la "resistenza come mezzo di deformazione", allora ogni interpretazione diventa a questo punto lecita. Abbiamo detto che le interpretazioni *ad hoc* non sono ammesse, altrimenti tutto diventa possibile.

Freud scrivendo che il paziente ha "preso" il materiale onirico da due favole, ha fatto diventare la storiella del nonno del tutto secondaria. In realtà, ritengo che sia proprio in questa favola, raccontata dal nonno, che bisogna cercare la chiave interpretativa dell'Uomo dei lupi. Anzitutto, quand'è che il nonno raccontò al bambino questa favola? In un primo tempo, Freud scrive: «A questo proposito gli viene in mente una storia che aveva sentito raccontare dal nonno, non ricorda più se prima o dopo il sogno. Tuttavia il contenuto di essa depone decisamente a favore della prima ipotesi» [p. 36]. Perché questa esitazione da parte di Sergei?

Più avanti, Freud scriverà: «Al posto di questa immagine, appare invece il materiale della storia che il nonno aveva raccontato poco prima" [p. 48]. Quanto "poco prima"? durante l'estate o poco prima del sogno? Inoltre, affiancando a questa storia quella del *Lupo e dei sette capretti*, Freud (o il paziente) è come se avesse "distratto" l'attenzione del lettore (o dell'analista). Davvero la storia del nonno non conteneva "quasi" tutti gli elementi materiali del sogno? Ho letto che qualcuno attribuisce la favola russa ai Fratelli Grimm. Ciò mi ha fatto capire con quanta attenzione gli interpreti di Freud leggono questo caso. In realtà, si tratta di una favola di Aleksandr Afanas'ev, raccolta in *Antiche fiabe russe*. Il titolo di questa fiaba è il *Lupo imbecille*. La riporto integralmente per il valore che essa ha ai fini della interpretazione del caso dell'Uomo dei lupi:

È una storia successa anticamente, quando ancora Cristo andava sulla terra insieme agli apostoli. Un giorno andavano per la strada, per l'ampia strada; incontrano un lupo, dice: «Signore! Ho voglia di mangiare!». «Va'», gli dice Cristo, «mangia una giumenta». Il lupo corse alla ricerca: vede una giumenta, s'avvicina e dice: «Giumenta! Il Signore m'ho ordinato di mangiarti». Quella risponde: «Oh no, non mangiarmi! Non è permesso: io ho il passaporto, solo che l'ho dimenticato lontano». «Su, mostralo». «Vieni più vicino alle mie zampe di dietro». Il lupo s'avvicinò alle zampe posteriori, essa lo colpisce sui denti in modo tale da farlo volare cinquanta metri indietro! E la giumenta scappò.

Il lupo andò a lamentarsi; va da Cristo e dice: «Signore! Quella giumenta per poco non m'ha ucciso!». «Va' e mangia il montone». Il lupo corse dal montone; arriva e dice: «Montone! Io ti mangerò, me l'ha ordinato il Signore». «Mangiami pure! Tu mettiti sotto il monte e spalanca le fauci, io verrò giù correndo dalla cima e ti salterò dritto in bocca!». Il lupo si mise sotto il monte e spalancò le fauci; il montone prende la rincorsa e gli dà una gran cornata: bum! Atterra il lupo e corre via. Il lupo si rialza, guarda da ogni lato: l'ariete non c'è!

Di nuovo andò a lamentarsi; va da Cristo e dice: «Signore! Anche il montone m'ha ingannato; è mancato poco che non mi uccidesse!». «Va'», dice Cristo, «mangia il sarto». Il lupo corse via; ecco venirgli incontro proprio il sarto. «Sarto! Ora ti mangio; è il Signore che l'ha ordinato». «Aspetta, lasciami almeno dire addio ai genitori». «No, neanche loro ti lascio salutare». «Be', quand'è così mangiami. Permetti solo ch'io ti misuri: riuscirai a inghiottirmi?». «Misura!», dice il lupo. Il sarto gli passò dietro, gli afferrò la coda, se l'avvolse ben bene attorno alla mano, e giù botte! Il lupo si dibatte, tira, si strappa la coda e via a gambe! Corre corre a tutta forza, ed ecco venirgli incontro sette lupi. «Ferma!», dicono. «O grigio, perché sei senza coda?». «Il sarto me l'ha staccata». «Dov'è il sarto?». «Eccolo che se ne va per la strada». «Corriamogli dietro», e si gettarono all'inseguimento. Il sarto sentì correre, vede che l'affare è brutto, s'arrampica presto presto su un albero e si siede proprio in cima.

Ecco arrivare i lupi, dicono: «Fratelli, il sarto lo prenderemo; tu, scodato, stenditi sotto a tutti, e noi saliremo su di te, uno dopo l'altro, finché lo raggiungiamo!». Lo scodato si stese a terra, e un lupo gli montò sopra, su quello un altro, sull'altro un terzo, sempre più alto e più alto; già l'ultimo si sta arrampicando. Il sarto s'accorge del pericolo

*imminente, stan già per prenderlo! E grida
dall'alto: «Tutti si salveranno, tranne lo
scodato!». Quello salta via da sotto e giù a
correre!* Tutti *e* sette *i lupi cadono a terra,
inseguono lo scodato, lo prendono e lo fanno
a pezzi con tale furia che i brani volano
attorno. E il sarto scese dall'albero e se andò
a casa.*
[In Aleksandr Nikolaevič Afanasjev, *Antiche
fiabe russe*, Einaudi, Torino 1974, pp. 53-54].

Ovviamente non sapremo mai quale versione
della favola il nonno ha raccontato al
bambino. Consideriamo inoltre che Sergei la
racconta a Freud dopo diversi anni.
Dell'intera favola, riferisce solo la parte
riguardante il personaggio del sarto. Si
possono notare due elementi interessanti: il
sarto incontra *sette lupi*; alla fine della storia,
il lupo idiota viene sbranato dagli altri lupi. I
sette lupi per raggiungere il sarto "montano"
addosso al lupo scodato, ma questo, prima
che l'obiettivo sia raggiunto, "se la fa sotto"
dalla paura e scappa via. I sette lupi in preda
alla rabbia raggiungono il lupo idiota e lo
fanno a pezzi.

Confrontiamo allora la versione integrale con quella fornita, diversi anni dopo, da Sergei: «Un sarto stava seduto al tavolo nella sua stanza, ed ecco che la finestra si apre e balza dentro un lupo. Il sarto gli scaglia addosso la misura – anzi no... si corregge il giovane – lo acchiappa per la coda e gliela strappa, sicché il lupo fugge via terrorizzato. Qualche tempo dopo il sarto va nel bosco, a un tratto vede avvicinarsi un branco di lupi e per evitarli cerca rifugio su un albero. I lupi dapprima non sanno che fare, ma quello mutilato, che si trova fra loro e vuole vendicarsi del sarto, propone ai compagni di montare uno sull'altro in modo che l'ultimo possa raggiungere il sarto. Lui stesso – un vecchio lupo robusto – farà da base alla piramide. I lupi seguono il suo consiglio ma il sarto ha riconosciuto il visitatore punito e a un tratto grida come quel giorno: "Acchiappate il grigio per la coda". A questo ricordo il lupo senza coda scappa via atterrito e tutti gli altri ruzzolano a terra» [pp. 36-37].

A distanza di tanti anni, è probabile che Sergei non ricordi precisamente tutti i particolari di come la favola gli è stata raccontata dal nonno, tuttavia le "omissioni" sono abbastanza significative:

1) anzitutto è stato Cristo a dare il permesso al lupo di mangiare le sue vittime; è un elemento da non sottovalutare.

2) manca il particolare in cui il sarto dice al lupo di volergli prendere le misure.

3) il branco è formato da sette lupi: il numero sette è ripetuto due volte;

4) alla fine, il branco sbrana lo scodato, e lo sbranano perché se l'è fatta sotto dalla paura, cioè cambiano oggetto della vendetta. Dunque, il branco nel momento in cui sta raggiungendo l'acme, lo scodato se la fa addosso e scappa via. Nella favola di Afanas'ev c'è quasi un divertente gioco di parole tra imbranato/sbranato.

È interessante sapere che Afanas'ev, «a differenza dei fratelli Grimm, non si concesse alcun rimaneggiamento, miglioramento, né alcuna rielaborazione letteraria» (Vladimir Propp, *La fiaba russa. Lezioni inedite*, Einaudi, Torino 1990). Afans'ev trasmette le fiabe così come sono state raccontate. Per questo, scrive Propp, le sue fiabe sono diventate uno dei libri più amati e popolari fra i lettori russi. Quindi è probabile che il nonno sia venuto a conoscenza di questa fiaba tramite la raccolta di Afanas'ev, quantunque

nella versione di Sergei, ci sono particolari
raccontati in maniera diversa rispetto alla
versione originaria:

1) "Un sarto stava seduto al lavoro nella sua
stanza, ed ecco che la finestra s'apre e balza
dentro un lupo". Nella versione originale, il
lupo, dopo aver avuto il permesso di Cristo di
mangiare il sarto, lo vede venirgli incontro.
Non si parla del particolare del salto dalla
finestra. Particolare che appare invece sia
nell'incubo che nel *Lupo e i sette capretti*.
Nella versione di Sergei, il salto del lupo nella
stanza del sarto fa del lupo un "intruso".

2) "Lui stesso – un vecchio lupo robusto –
farà da base alla piramide". Nella versione di
Afanas'ev sono i sette lupi che ordinano allo
scodato di fare da base, il che è più coerente,
in quanto il lupo "idiota" non può avere
un'idea cosi brillante.

3) Inoltre, nella favola di Afanas'ev non c'è
alcun riferimento all'età del lupo scodato,
invece nella versione del nonno si parla di un
"vecchio lupo" che si mette sotto per far
"montare" i fratelli.

Ma nella rappresentazione onirica l'immagine
rispetto alla contenuto della favola è
rovesciata: al posto del sarto, sui rami ci sono
i fratelli, che da sette sono diventati cinque, e

hanno *lunghe* code come volpi e orecchie dritte come cani. Che fine ha fatto il vecchio lupo scodato? E perché ora i cinque fratelli (anziché sette) stanno sui rami al posto del sarto? Perché sono tranquilli e immobili e sembrano fissare il sognatore? Ch'è successo? Perché le cose non sono forse andate per il verso giusto?

La versione fornita da Sergei della favola di Afanas'ev, dopo tanti anni, sembra una "rielaborazione" del sogno, cioè è come se il riassunto della favola fosse una sorta di riadattamento del contenuto manifesto del sogno. Sergei riassume la favola del nonno alla luce del sogno, e lo fa arricchendola o omettendone particolari che non sono presenti nella versione originale. Freud utilizza alcuni elementi della storia del nonno per interpretare il sogno, e lo fa perché non conosce la versione originale. In realtà, sarebbe più interessante interpretare alcuni dettagli del riassunto alla luce del sogno. Procediamo allora in senso contrario rispetto a come ha proceduto Freud. Qui occorre operare un'inversione.

Il branco doveva "montare" sopra lo scodato per vendicarsi del sarto, ma proprio quando era sul punto di prenderlo, il lupo imbecille se la fa addosso per la paura e scappa via. Il branco, colto da un eccesso di rabbia, lo raggiunge e per punizione lo divora. Questa è la parte assente nel riassunto di Sergei.

Nel sogno, il branco (cinque lupi bianchi, anziché sette) sta seduto sui rami del grosso noce, è immobile e tranquillo, e fissa intensamente il sognatore. Si direbbe che nel sogno il branco ha realizzato lo scopo (vendicarsi del sarto).

Il branco e lo scodato si trovano insieme perché hanno un obiettivo comune (vendicarsi del sarto), ma per colpa della fifa dello scodato, l'obiettivo fallisce; il branco allora si vendica divorando il fifone. Le cose sono andate in senso contrario rispetto a come i protagonisti se la aspettavano, perché l'obiettivo comune fallisce (il sarto si salva), e il branco divora "uno" di loro. Ma se il branco divora lo scodato la colpa è sua. Se lui non avesse avuto paura l'obiettivo sarebbe stato realizzato.

A questo punto occorre chiedersi: chi è il branco? Chi lo scodato? E qual era l'obiettivo?

1) Nel riassunto, lo scodato è un vecchio lupo che ordina al branco di montargli sopra; ma è anche un intruso.

2) nella versione originale, lo scodato è un lupo idiota che viene divorato dal branco a causa della sua paura;

3) nel sogno il branco è bianco. Nel sogno è come se il significante "branco bianco con una lunga coda e orecchie ritte" abbia condensato sia il particolare del "*vecchio lupo*" che un elemento della versione originale: "ha divorato lo scodato". Nel sogno dunque i lupi sono cinque e stanno per divorare lo scodato, e si sono scambiato di posto con il sarto.

Se riprendiamo il contenuto manifesto del sogno, possiamo osservare come la descrizione presenti un duplice orientamento spaziale: nella prima parte, la prospettiva è dalla stanza verso l'albero, nella seconda, invece, è dall'albero verso l'interno (i lupi bianchi "mi guardavano"). Il passaggio di prospettiva si attua nel momento in cui «improvvisamente la finestra s'aprì da sola» (è «l'unica azione contenuta nel sogno», commenta Sergei). È come se ci trovassimo davanti a due scenari diversi.

Nel primo il bimbo è accolto nel suo letto, è nella sua stanza, potremmo dire è in "seno" alla famiglia. È come il sarto che se ne sta seduto nella sua stanza. Nel secondo scenario, invece, i lupi bianchi stanno sui rami al posto del sarto. Allora, se i lupi bianchi hanno preso il posto del sarto, il sarto/bimbo che sta nella sua stanza è un "intruso", un intruso in rapporto alla famiglia: il bimbo che sta a letto è il lupo idiota che si è introdotto nella stanza del sarto (o nella famiglia). Il lupo idiota e scodato è quello che se la fa addosso e che si fa montare dal branco per raggiungere il sarto (o per essere accolto nella "nuova" famiglia).

A questo punto, se a ogni significante onirico sostituiamo il loro significato latente, abbiamo il seguente risultato: il sarto rappresenta la *famiglia*; il lupo scodato l'*intruso*. All'inizio del sogno Sergei aveva affermato: "*il letto era orientato con i piedi verso la finestra e davanti ad essa c'era un filare di vecchi noci*" – i "vecchi noci" rappresentano le idee consolidate, ossia le certezze che fino a quel momento egli ha coltivato. I cinque lupi bianchi che stanno sul "vecchio" noce rappresentano una "famiglia" (sono cinque fratelli). All'improvviso i lupi bianchi guardano verso la stanza rivolgendo l'attenzione verso l'"intruso": lo giudicano come tale; l'intruso è il "finto" idiota che si è introdotto nella stanza, ossia nella "nuova" famiglia. L'albero sul quale i cinque lupi stanno accucciati rappresenta allora l'albero genealogico della famiglia della madre di Sergei, di cui il nonno (il vecchio noce o capostipite) rappresenta il tronco.

Un duplice scenario

Se dovessimo scindere lo sviluppo del racconto, ci troveremmo di fronte due "scenari" diversi. Nel corso di questi due "scenari" le *identità* dei personaggi cambiano di posizione, ossia subiscono degli spostamenti. Il "punto nodale", l'episodio cioè che appartiene ad entrambi gli scenari, è "l'aprirsi della finestra" (che compare sia nel riassunto, sia nella favola del *Lupo e i sette capretti*, sia nell'incubo): l'apertura della finestra – o la presa di coscienza – è ciò che consente il passaggio dalla scenario A allo scenario B.

Scenario A: nel riassunto del nonno, il vecchio lupo invita il branco a montargli sopra per raggiungere l'obiettivo, ma, come sappiamo, qualcosa va storto. In questo scenario, il branco ignora quali siano le reali intenzioni del vecchio lupo, da qui la loro "assoluta tranquillità". Quindi, il branco sta sopra il vecchio lupo perché crede che sia il sostituto della mamma.

Nella favola di Grimm, i sette capretti, vedendo la zampa bianca del lupo alla *finestra*, aprono fiduciosamente la porta lasciandosi ingannare dallo stratagemma del lupo. Il lupo ha le sembianze della madre (la voce mielata e la zampa bianca sono i due segni di riconoscimento della mamma capretta), ne prende il posto, o si sostituisce a lei durante la sua assenza. Si faccia attenzione a questi due particolari: il lupo riesce nel suo scopo al *terzo* tentativo; fa credere ai capretti che aveva con sé dei regali.

In questi due racconti, il bambino si identifica con il branco o con i sette capretti. Chi è il "vecchio lupo"? Freud penserebbe alla figura del padre. Ma l'aggettivo "vecchio" ricorre in più di una circostanza: *vecchi* sono i noci e *vecchio* è il lupo. Inoltre, questo vecchio lupo è colui che prende il posto della mamma (o del papà) quando i genitori si assentano. Il riferimento è a una situazione concreta, non immaginaria. Dal momento che il sarto rappresenta la famiglia, questo vecchio lupo deve far parte di essa. L'unica persona che corrisponde a questo profilo è il *nonno* del bambino. Tenendo presenti queste due identità, il secondo scenario si configura in questo modo:

Scenario B: il branco/nonno divora/sodomizza lo scodato/bambino approfittando della sua imbecillità/ingenuità. Il nonno fa credere qualcosa al bambino. Rispetto allo scenario del sogno, è come se il bimbo avesse aperto gli occhi all'improvviso (la finestra) e avesse compreso una verità sconvolgente. Non solo che il lupo non è la mamma premurosa, ma che lui gli fa fare le stesse "brutte cose" che ha fatto con la mamma. Dunque, se il nonno fa con la mamma le stesse cose che fa con lui, allora lui potrebbe non essere il figlio di suo padre, bensì del nonno. Quindi, il nonno avendo divorato il "sarto" (uno della famiglia) ha generato un intruso. Tornando indietro al contenuto del sogno, allora possiamo dire: nella prima fase, il bambino si sente in seno alla famiglia originaria; nella seconda parte del sogno si vede "visto" come un "intruso". Il sogno però non ha condensato solo questo aspetto, ma anche tutti gli altri orrori.

Si dirà: siamo ancora nel campo delle illazioni? Vedremo.

L'uomo dei lupi: aprire la finestra è come aprirsi le vene

Sigmund Freud, Ruth Mack Brunswick, Muriel Gardiner, Kurt Eisser, Jacques Lacan, Serge Leclaire si sono affacciati alla finestra dell'Uomo dei lupi, ma non sono riusciti a vedere cosa in realtà sia accaduto in quella stanza. Hanno soltanto voluto vedere un bambino di un anno e mezzo che osserva un coito *a tergo* tra i genitori. Ma se notiamo bene ognuno di questi osservatori ha guardato in quella stanza attraverso gli occhi dell'altro. Nessuno di loro ha voluto osservare il bambino attraverso i suoi occhi, e vedere ciò che lui vedeva o non vedeva. Ora, tutto sembra nascosto in quella stanza.

Chissà se qualcuno di loro ha letto questi versi di Boris Pasternak:

Ma ai nostri giorni anche l'aria sa di morte: aprire la finestra è come aprirsi le vene.

Ciò che ha fatto sprofondare l'Uomo dei lupi negli abissi della sua psiche è stato proprio quell'aprirsi improvviso di una finestra. D'improvviso egli ha visto una realtà che mai avrebbe voluto vedere. I cinque lupi bianchi, accucciati, immobili e tranquilli sul grande albero di noce, che riempierono il suo cuore di terrore, rappresentavano una verità che egli giammai avrebbe voluto scoprire. È come se per lui si trattasse di una vera rinascita, tanto più che l'incubo avveniva alla vigilia del suo compleanno. Il dubbio che fino a quella notte serpeggiava come un veleno nelle sue vene gli diventa certezza: *egli si scopre essere figlio del nonno, nato attraverso un coito anale con la madre,* perché il nonno faceva con la madre le stesse "brutte cose" che durante l'estate faceva con lui. Egli scopre di essere allo stesso tempo "figlio" e "fratello" della madre, e lupi bianchi sull'albero sono il nonno con le sue figlie che lo guardano come si guarda un intruso, o un figlio del peccato.

La finestra aperta è il punto nodale, vale a dire il punto di intersezione tra il riassunto della favola del nonno, *Il lupo e i sette capretti* e il contenuto manifesto dell'incubo. La finestra è ciò che mette in comunicazione il dentro/fuori o l'interno/esterno. Finché la finestra è chiusa, chi si trova al suo interno o dentro si sente al "sicuro" (tranquillo); nel momento in cui essa si apre, egli scopre una verità terribile. La finestra (chiusa/aperta) è l'elemento che ordina la disposizione di tutt'e tre le sequenze narrative. Il giovane aveva detto a Freud che l'aprirsi della finestra "fu l'unica azione contenuta nel sogno". Nel sogno, "la finestra si aprì da sola" all'improvviso; nel racconto del nonno, "la finestra si apre e balza dentro un lupo"; nella favola di Grimm, "il lupo mise la zampa sulla finestra".

Ciò che fino a quel momento l'Uomo dei lupi aveva ammantato di menzogna, ingannando se stesso, ora rivela la sua verità dirompente: l'identificazione con il male che affliggeva la madre, il fatto che lei soffrissi di problemi all'ano, era il segno tangibile che il nonno faceva con la figlia le stesse cose brutte che faceva con lui. Il bambino forte di questa atroce verità rivede la storia della sua famiglia, i rapporti familiari alla luce di questa terribile scoperta. Tutte le cose che fino a quel momento gli sembravano incomprensibili, assumevano un aspetto chiaro ed evidente.

* * *

Tutte illazioni, penserà il lettore. Bene, allora rileggiamo il resoconto di Freud alla luce di questa rivelazione. Mettiamo adesso in ordine come le cose si sono "verosimilmente" svolte.

La prima catastrofe dell'Uomo dei lupi

Leggendo e rileggendo il resoconto dell'*Uomo dei lupi*, è che Freud non si sia mai curato di sapere chi fosse realmente presente quell'estate nella tenuta di campagna. Magari in quei quattro anni di analisi, qualche volta lo avrà chiesto. Tuttavia, anche se l'avesse fatto non ha comunque ritenuto opportuno riportare questa informazione ai fini dell'interpretazione. In effetti, ciò che manca sempre nelle ricostruzioni psicoanalitiche è proprio il mondo relazionale entro il quale i comportamenti umani si iscrivono.

Qualsiasi persona che abbia un minimo di sensibilità psicologica avrebbe subito sospettato che il cambiamento comportamentale del bambino poteva dipendere da un evento traumatico. Che ciò sia stato attribuito al fatto che il bambino abbia assistito a un litigio tra la governante inglese e la sua nanja mi sembra un po' debole come spiegazione. Se fosse sufficiente assistere a una scena un po' più accesa tra due adulti per restarne traumatizzati, credo che allora tutti i bambini del mondo lo sarebbero.

L'aspetto dunque che più mi sorprende è che proprio uno dei più grandi scrutatori della psiche umana si sia lasciato così superficialmente fuorviare dalla spiegazione della "perspicace nonna" e subito sottoscritta dalla figlia, e che non si sia mai chiesto chi fosse presente in quella tenuta. Si intuisce subito che mamma e figlia non vogliono assolutamente sapere cosa sia realmente accaduto in quella estate. Eppure, sulla realtà di questi traumi, nel 1896 Freud era stato esplicito: «A me pare assolutamente indubbio che i nostri bambini si trovano esposti agli assalti sessuali assai più spesso di quanto non ci si dovrebbe aspettare dalle scarse precauzioni prese a riguardo dai genitori» (*Etiologia dell'isteria*).

Anche Freud si è comportato come le due donne più importanti di quella famiglia: non ha voluto vedere ciò che era evidente. Si è accontentato, come loro, della spiegazione più semplice e meno compromettente. Quale oltraggio si sarebbe abbattuto su quella famiglia qualora avessero scoperto la verità? Di quale vergogna si sarebbe macchiata? Non era meglio trovare subito il capro espiatorio in una donna, estranea, straniera e per giunta dedita al bere? Chi mai avrebbe potuto commettere un crimine così orrendo? il nonno? la governante? uno dei contadini che lavorava in quella tenuta? Ma se un crimine è stato commesso perché il bambino non parla, non confessa? Chi sono i cinque lupi che lo giudicano, che lo osservano? Perché i suoi ricordi si sono cancellati o hanno subito un'abrasione?

Ora, rispetto ai due scenari descritti il profilo che meglio corrisponde al terrificante personaggio che incute tanta paura al bambino è quello del *nonno*:

a) è il vecchio lupo robusto che invita il piccolo a montargli sopra;

b) è il lupo a cui il bambino accorda la sua fiducia quando la mamma è assente;

c) è il lupo bianco dalla lunga coda.

Tentiamo allora di vedere come le cose siano probabilmente andate. Il nonno durante quella estate è nella tenuta. Porta il bambino a spasso in giardino dove ci sono dei grandi noci. Fa sedere il bambino sulle ginocchia e comincia a raccontargli delle storie sui lupi. Gli rivela l'esistenza dei lupi mannari: gli racconta che sono belve particolari, che si

vedono nelle notti d'inverno. La loro
particolarità è che sono animali *speciali*. Ma
la rivelazione più suggestiva che colpisce
l'immaginazione del bambino è che i nati
nella vigilia di Natale e avvolti nella
membrana fetale sono destinati a divenire lupi
mannari. Il bambino, al quale il lupo è noto
soltanto dai racconti e dai libri illustrati,
quando chiede una descrizione più dettagliata
di come è fatto un lupo, viene detto che esso
ha code come le volpi e orecchie dritte come i
cani.

Naturalmente, mentre il nonno abusa del
nipote di tre anni e mezzo, prova un'indicibile
vergogna dei suoi atti. Egli dunque ha il
bisogno di giustificarsi davanti alla sua
coscienza. È in questo frangente che rivela al
bambino di essere una sorta di lupo. Questi
animali godono di un permesso speciale:
possono "divorare" gli altri animali. Come
abbiamo visto nella favola del *Lupo imbecille*
è il Signore in persona che dà questo
permesso speciale. Da questi racconti il
bambino fa degli accostamenti tra "ano" e
"bocca". Ma c'è, secondo me, un altro
particolare che il nonno rivela al bambino, e
che sarà letale per lo sviluppo della sua
nevrosi: il nonno fa quello che fa per aiutarlo

ad andare meglio di corpo. I pensieri sul "Dio-merda" o sul "Dio-porco" che appariranno più avanti negli anni sono da mettere in relazione a questa rivelazione. Ma la cosa più terribile per il bambino sarà quando scoprirà che anche la madre "non va di corpo". Nella sua fantasia, se il nonno aiuta la mamma a curarsi nello stesso modo in cui curava lui, allora lui può essere figlio del nonno.

Sempre in questo conteso di abusi, il nonno intima al bambino di non parlare con nessuno del loro "segreto", altrimenti si cresce "menomati".

In estate, iniziano gli abusi sessuali del nonno: egli fa credere al bambino che essi hanno come scopo quello di "farlo andare di corpo". In questa fase si struttura l'associazione tra eccitazione sessuale e l'atto della "defecazione", vale dire il rapporto bocca/ano: il bambino divora per evacuare. Questo sarà il loro "segreto" e chi lo rivela crescerà "menomato". Il ricordo del "portatore d'acqua" è da collocare in questa fase: «Costui era privo della parola perché – dicevano – gli era stata tagliata la lingua. Verosimilmente si trattava di un sordomuto

[...] fu il primo storpio di cui ebbe compassione» [p. 94].

Secondo Freud anche il bracciante era un sostituto del padre. In realtà, ai suoi occhi è una vittima della delazione: il taglio della lingua gli è stato inferto perché ha svelato un segreto. La compassione che il bambino prova nei suoi confronti sta proprio a significare che lui non farà come il bracciante.

Quando il nonno abusa del nipote verosimilmente lo fa raccontandogli la favola del lupo scodato. Egli rifà la mimica e i gesti della favola focalizzandola proprio sulla parte riguardante il sarto, in particolare quando si racconta l'episodio di "prendere le misure al lupo" prima di essere divorato.

Non a caso su questo particolare della favola Sergei mostra delle esitazioni: «Il sarto gli scaglia la misura – anzi no... si corregge il giovane» [p. 36]. Anche in questa parte del racconto Sergei opera un "taglio", o mostra un "vuoto di memoria". È il momento in cui il sarto chiede al vecchio lupo «*"riuscirai a inghiottirmi?". "Misura!", dice il lupo. Il sarto gli passò dietro*»; cioè è il momento in cui il nonno sta manovrando per sodomizzare il nipotino. Perciò ho il sospetto che questa favola fosse diventata tra i due una sorta di parola d'ordine per iniziare i loro "rapporti" illeciti. In questo racconto, ognuno interpreta la parte del lupo. Quindi, non mi sorprende il fatto che sia proprio il contenuto di questa favola ad offrire al sogno angoscioso sia lo "scenario" che la trama narrativa. Lo sguardo carico di rimprovero con cui i lupi bianchi (le sorelle) fissano il bambino si riferisce proprio a ciò che accadeva realmente tra loro quando il nonno raccontava al bimbo questa favola. Agli occhi del bambino le cose non appaiono come obiettivamente possono apparire a un adulto: a distanza di mesi, quando il bambino prende consapevolezza di fare "brutte cose" con il nonno, crede che sia stato lui a "ingannare" il nonno, lasciandogli credere di essere realmente un lupo.

La seconda catastrofe dell'Uomo dei lupi

La consapevolezza "brutte cose" in lui si fa strada quando tenta di coinvolgere anche la nanja nei suoi precoci giochi libidici, cioè un'altra persona adulta della famiglia, tanto più da quando aveva saputo dalla sorella che la nanja afferrava i genitali del giardiniere: «Cominciò dunque a giocare col proprio membro in presenza della nanja [...] La nanja lo deluse, fece la faccia scura e dichiarò che non stava bene comportarsi a quel modo. Ai bambini che fanno queste cose – aggiunse – viene "una ferita" in quel posto» [p. 30].
Al bambino invece "giocare col proprio membro" doveva sembrare un fatto del tutto lecito, dal momento che lo faceva con un altro adulto. Il parere autorevole della nanja contraddiceva palesemente questa sua certezza. Dicendogli in quel modo, la nanja aveva scosso il bambino. È come se nella sua testa rimbombasse questa domanda: se la nanja dice a muso duro che non sta bene

quelle cose, allora perché il nonno me le lascia fare? È in questo dubbio amletico che si tormenta. È come se egli fosse stato messo di fronte a una scelta: continuare a fare "quelle cose" col nonno e quindi smentire la nanja, oppure dare ragione a lei e quindi rinunciare a farsi raccontare la favola del lupo dal nonno? Questa è la *prima catastrofe* o crepa che si origina in una organizzazione psichica in via di formazione, e pertanto fragile o facilmente friabile. In questa fase traumatica dello sviluppo psichico del bambino, possiamo notare la reazione di collera nei confronti delle figure femminili presenti; la nanja, in primo luogo; e la governante inglese. La bambinaia spinge a vedere l'atto dell'aggressore come sbagliato. Il bambino si trova così scisso nell'affetto: il legame fortemente emotivo e affettivo con il nonno lo porta a respingere o a non accettare le parole della bambinaia. D'altro canto, quello con la nanja lo induce a non ignorare le sue parole. Alla collera, possiamo aggiungere un intenso senso di vergogna e tradimento nei confronti di chi lo ha ingannato. Se pensiamo che tutto questo accade nel momento in cui i genitori sono assenti, allora alla collera e al tradimento possiamo aggiungere un senso di totale abbandono. Il rancore nutrito a lungo nei loro confronti potrebbe avere qui la loro origine: ogni colloquio con la madre in materia di denaro «si concludeva regolarmente con violentissimi rimproveri» [p. 80].

Questa frattura provoca ciò che Ferenczi ha definito "progressione traumatica". Mentre la sfera emotiva si fissa a uno stadio dello sviluppo, quella intellettiva matura subisce un'accelerazione. Il piccolo Sergei, oggetto di abusi sessuali e privo degli strumenti cognitivi necessari per decodificare e a interpretare quanto gli è accaduto, dando ad esso il suo corretto significato, è indotto a porre una maggiore attenzione a tutto ciò che lo circonda per poterne comprendere il senso. Mentre sul piano emotivo subisce un arresto o un blocco da cui non si riprenderà più, poiché il dubbio lo tormenta in modo ossessivo e gli impedisce di accordare una fiducia incondizionata nelle persone più care che lo circondano, sul piano cognitivo avvia una serie di indagine. Il bambino inizia a chiedersi, ascoltando le favole di *Cappuccetto Rosso* e *Il Lupo e i sette capretti*, se anche i lupi potessero avere figli. Se anche i lupi potessero avere figli, allora anche lui poteva avere un figlio nella pancia. Anche ciò che

Freud scambia come tentativi di seduzione nei confronti della sorella, in realtà sono da interpretare come indagini per conoscere l'anatomia delle femmine: il bambino infatti comincia ad essere aggressivo nei confronti della sorella che «aveva voluto vederla nuda».

La terza catastrofe dell'Uomo dei lupi

Sergei, quando comincia ad ascoltare le favole di *Cappuccetto rosso* e del *Lupo e i sette capretti*, «dove si racconta di bambini tirati fuori dalla pancia del lupo», nella sua mente si insinua il sospetto che «anche gli uomini potevano avere bambini nella pancia». Freud scrive che all'epoca di queste indagini il bambino non provava timore per i lupi [p. 31]. Il che è vero, perché il bambino si identificava con il lupo. Ma la sua mente comincia ad essere occupata da questi pensieri: nell'associazione bocca/ano si insinua la parola "ventre" o "pancia". Il bambino comincia a vivere nel terrore di avere "bambini" nella sua pancia. Quindi non esprime un desiderio di gravidanza, come crede qualche lacaniano, ma il terrore della gravidanza, tanto più se si pensi che la crescita della pancia avrebbe fatto scoprire il suo segreto.

«Apprese i diversi nomi con cui si designano i cavalli a seconda dell'integrità dei genitali». Purtroppo, Freud interpreta tutto in relazione alla paura della castrazione, quanto invece bisogna leggere alla luce di "avere figli – non avere figli". La scoperta che i "piccoli" si trovano nella pancia è legata al parto di qualche giumenta. La sua ossessione è sapere come nascono i figli. Ecco che si stabilisce un legame tra ano/pancia/bocca. Il suo terrore comincia quando sospetta di avere "bimbi" nella pancia: «Cominciò a commettere crudeltà contro piccoli animali, ad acchiappar mosche per strappare loro le ali, a calpestare insetti; con la fantasia si compiaceva di battere animali grossi (cavalli)» [p. 32]. I piccoli animali, le larve, diventano ai suoi occhi un sostituto del nascituro: «L'analisi mostrò che tutte le bestiole, bruchi, insetti, contro i quali si infuriava, avevano per lui il significato di neonati» [p. 88]. I "bruchi bianchi", come i capretti nella pancia del lupo, sono i "nascituri" (cfr. l'episodio del figlio che dorme accanto al padre, pp. 76-77). Anche l'atto dell'evacuazione intestinale comincia a configurasi come un atto per liberarsi di qualcosa di indesiderato.

Quando un giorno ascoltò la madre lamentarsi dei suoi dolori e delle sue emorragie – esclamando a un certo punto: «Non posso più vivere così!» – Sergei cominciò a sospettare che anche lei venisse sottoposta alla "cura" del nonno. Questo sospetto fu rafforzato quando la madre "all'inizio della fase di angoscia" diede disposizione che si usassero alcune precauzioni per proteggere i bambini dalla dissenteria: «Il bambino si informò di cosa si trattasse e quando gli fu risposto che la dissenteria fa venire il sangue nelle feci si preoccupò moltissimo e dichiarò che nelle sue feci c'era del sangue» [p. 83].

Freud parla di una semplice identificazione con la madre, ma gli sfugge il reale significato di questa identificazione. I dolori all'ano della madre identici a quelli che il bambino avvertiva, lo indussero a credere che la madre avesse avuto rapporti con il nonno. Ed è in ragione di questo atroce sospetto che Sergei subì una seconda catastrofe psichico: cominciò a sospettare che lui fosse figlio di suo nonno, e che lo avesse concepito tramite un rapporto anale con la madre. L'episodio del professore di latino di nome Wolf, che Freud identifica nella figura paterna di Sergei, è da interpretare in tutt'altro senso: «Egli doveva tradurre la parola latina *filius*, e per farlo si era servito del francese *fils* invece che del corrispondente vocabolo della madrelingua. Il lupo continuava dunque ad essere suo padre». Freud non si accorge che alla base di questa inibizione non c'è la diade "Lupo/padre", ma la triade "Lupo/figlio/madre": la traduzione del termine latino nella sua *lingua materna,* evoca alla sua coscienza un ricordo spiacevole della sua infanzia, quando appunto egli aveva accostato la sua nascita al nonno e alla madre. L'associazione non è soltanto tra lupo/figlio, ma anche tra figlio/madre, e di conseguenza lupo/madre.

La confusione della reale paternità di Sergei è evidente nella fase dell'ossessione religiosa. Sotto l'influsso materno, Sergei, per proteggersi dai suoi incubi angosciosi, cominciò a mettere in atto un rituale religioso per esorcizzare le sue paure. Ma le reazioni che il bambino di quattro anni e mezzo ebbe nei confronti di questa iniziazione hanno dell'incredibile tanto da indurre Freud a non credere che quei pensieri potessero essere concepiti da un bambino di quella età. Anche in questo caso, l'analista sottovaluta la precocità del paziente, conseguenza del trauma infantile subito. Il piccolo Sergei non riusciva a spiegarsi chi fosse in realtà il padre di Cristo: «Era incline a identificarlo con Giuseppe, dato che i due erano vissuti sempre

insieme; ma la nanja diceva che Giuseppe era
solo *come* il padre, che il padre vero era Dio.
Non ci si raccapezzava proprio». [p. 71]; ma
neanche Freud, aggiungo io, a quanto pare.
Perché il bambino era così ossessionato dal
conoscere chi fosse il padre vero di Cristo? È
evidente che egli si identificasse con Cristo,
in quanto nati nello stesso giorno, ma è anche
evidente in che modo vi si identificasse:
perché chiedeva alla nanja se Cristo avesse un
sedere? Perché si chiedeva, senza domandarlo
alla devota nanja in quanto conscio della
"sconcezza" della domanda, se anche Cristo
faceva la cacca? E perché arrivare poi alla
conclusione del "Dio-merda"? perché Dio
aveva sacrificato suo figlio? Perché cominciò
a temere Dio? Il Dio-merda in realtà era il
nonno-merda, che più tardi identificherà con
gli spiriti maligni da espellere.
Dal momento che gli eventi sono narrati così
come sono stati vissuti da un bambino di
quattro anni, nella prima fase i racconti di
Sergei rispecchiano gli schemi compositivi
delle fiabe di magia analizzate da Vladimir
Propp nel 1928. Abbiamo la funzione di
allontanamento (i genitori partono d'estate);
la funzione del divieto; quella del tranello:
l'antagonista cerca di ingannare la vittima;

quella della connivenza: la vittima si lascia ingannare, favorendo l'antagonista senza volerlo; e infine quella del danneggiamento: l'antagonista reca un danno alla vittima.

Nella nuova fase, il bimbo interpreta le ultime vicende della sua vita alla luce del racconto biblico: ora il nonno è come il "vecchio" Dio, e il padre come "Giuseppe".

Quando la nanja gli aveva fatto credere che lui era figlio del papà, e la sorella della madre, il bambino si sentì confortato; ma quando scoprì che i bambini provenivano dalla donna, questo labile sistema crollò immediatamente.

Perché il giorno di Natale s'aspettava una dose doppia di regali? Freud dice perché c'era di mezzo una doppia ricorrenza: il suo compleanno e il giorno di Natale. Ma non potrebbe perché ha scoperto di avere due padri? Un padre affettivo e un padre effettivo. Il padre affettivo non nutriva una predilezione per la figlia maggiore? Se lui anziché essere figlio di suo padre, era figlio del nonno, allora diventava comprensibile perché il madre fosse più legato alla sorella. L'amore per il padre affettivo acuiva il conflitto contro il padre che lui credeva essere effettivo: non voleva accettare l'idea che egli non fosse il figlio di suo padre. Il risultato di questo conflitto sfociò nelle idee blasfeme contro il Nonno-merda. Probabilmente alla luce di questa fissazione cominciò a desiderare la morte del suo Dio-padre (il nonno), temendone però allo stesso tempo la terribile vendetta.

Possiamo collocare qui l'episodio dell'allucinazione che il bambino ebbe e che Freud e i freudiani hanno interpretato come un "complesso di evirazione": «Avevo cinque anni. Stavo giocando in giardino, vicino alla mia bambinaia, e col temperino incidevo la corteccia di uno di quei noci che compaiono nel mio sogno. Improvvisamente con indicibile terrore mi accorsi che mi ero tagliato il mignolo della mano (destra o sinistra?) in modo che stava appeso solo per la pelle. non provavo dolore ma una grande angoscia. Non osai dire nulla alla bambinaia che si trovava solo pochi passi più in là, mi lasciai cadere sulla panchina e rimasi seduto, incapace di dare una sola occhiata al dito. Alla fine mi calmai, guardai il dito e vidi che non era minimamente ferito» [pp. 91-92].

Lo spunto dell'allucinazione, come spiegherà più tardi a Freud, gli era stato fornito dall'aver sentito raccontare una storia a proposito di una sua parente, nata con sei dita a un piede: quello superfluo gli era stato spiccato con un colpo di accetta.

Ma Freud si lascia sfuggire alcuni particolari significativi: i noci apparsi nel sogno c'erano realmente nel suo giardino. Quindi, la scena del sogno fondeva un elemento favolistico con un elemento reale. Inoltre col temperino forse tentava di "punire" il noce/nonno cattivo, ma immediatamente ha avuto paura della sua vendetta: il dito più piccolo della mano (o il figlio più piccolo della stirpe) veniva reciso, la stessa sorte che toccava ai parenti "menomati". Nella sua allucinazione angosciosa, a causa dei suoi pensieri ostili nei confronti del patriarca, Sergei si è visto come il figlio superfluo e più piccolo che veniva tagliato fuori dalla "famiglia". Il grande albero di noce è davvero il nonno? In russo, "nonno" si traduce in дед e ha la stessa radice del nome "albero" che in russo invece si traduce in дерево. È un caso? Lascio la domanda agli esperti.

Adesso abbiamo gli elementi necessari per dire come le cose si sono effettivamente svolte e quindi per interpretare correttamente l'incubo. Quell'estate, durante l'assenza dei genitori, sappiamo che i nonni materni erano ospiti nella tenuta di campagna. Tuttavia, nel corso del resoconto, non emerge mai chi fosse effettivamente presente – oltre alle persone che sappiamo – nella tenuta: che erano presenti la Nanja, la sorella maggiore, la governante inglese e la nonna. Di sicuro sappiamo che erano presenti, oltre al piccolo, quattro persone. La presenza della "perspicace nonna" è attestata. Ciò di cui invece manca ogni riferimento è la presenza del nonno. Tuttavia, sappiamo che la storiella del lupo idiota era stata raccontata dal nonno "poco prima" dell'incubo: durante l'estate o proprio nei giorni precedenti il Natale? Essendo lo scenario di questa storiella così intenso nel sogno, si potrebbe propendere per la seconda ipotesi. Ma se invece pensiamo che la storiella era il modo per iniziare il loro rapporto segreto, allora possiamo ben comprendere perché si trovasse al centro della scena.

Epilogo

Se questa mia interpretazione, effettuata sulla base del materiale elaborato da Freud stesso, si rivela corretta, possiamo allora ben capire quale significato avesse per Sergei la "cura". Freud aveva stabilito una relazione tra l'eccitazione sessuale e la defecazione, spiegandola in termini completamenti opposti a come ho qui ipotizzato. Il rapporto bocca/ano è fissato dalla "cura" del nonno. Ciò spiegherebbe anche la fase di forte inappetenza che attraversò il bambino. Egli si rifiuta di mangiare perché rifiuta la "cura" del nonno. In un primo tempo mangiava soltanto dolciumi, forse perché aveva sentito dire che provocava attacchi di diarrea. Da qui anche il suo problema di sapere come Cristo eliminasse ciò che mangiava. Allo stesso tempo, se la cura consisteva nello stupro, ecco come si forma l'associazione tra sodomizzare/divorare. Rovesciando i termini, è come se il bambino avesse bisogno della cura perché mangiava. Ma tale fissazione lo perseguiterà per tutta la vita: lui avrà sempre bisogno di essere in cura, o di essere curato. Le figure dei medici che si avvicenderanno nel corso della vita altro non sono che sostituti del nonno materno. Così come lo sarà Freud, che quando lo prenderà in cura avrà più o meno l'età che il nonno di Sergei avrà avuto quando lui era piccolo.

I genitori, infatti, aveva detto che si erano sposati piuttosto giovani. Anche il sogno che racconterà all'allieva di Freud, Ruth Brunswick, in cui vede il vecchio analista a tergo e lui in mezzo alla attuale analista, va a ricomporre la triade della sua infanzia. Freud è il padre della psicoanalisi come l'Uomo dei lupi si sentirà il figlio della psicoanalisi. Come il nonno, Freud riveste questa doppia figura di nonno e di padre. D'altro canto, c'è un'altra analogia con la storia familiare di Freud: anche il padre della psicoanalisi ha visto la figura paterna come quella del nonno, data la differenza d'età che c'era con la seconda moglie. La famiglia della nonna materna di Freud, Amalia Nathanson, era originaria di Odessa come i nonni di Sergei.

99

www.ingramcontent.com/pod-product-compliance
Lightning Source LLC
Chambersburg PA
CBHW062045280526
45788CB00003B/1116

* 9 7 8 1 2 9 1 6 0 9 0 4 2 *